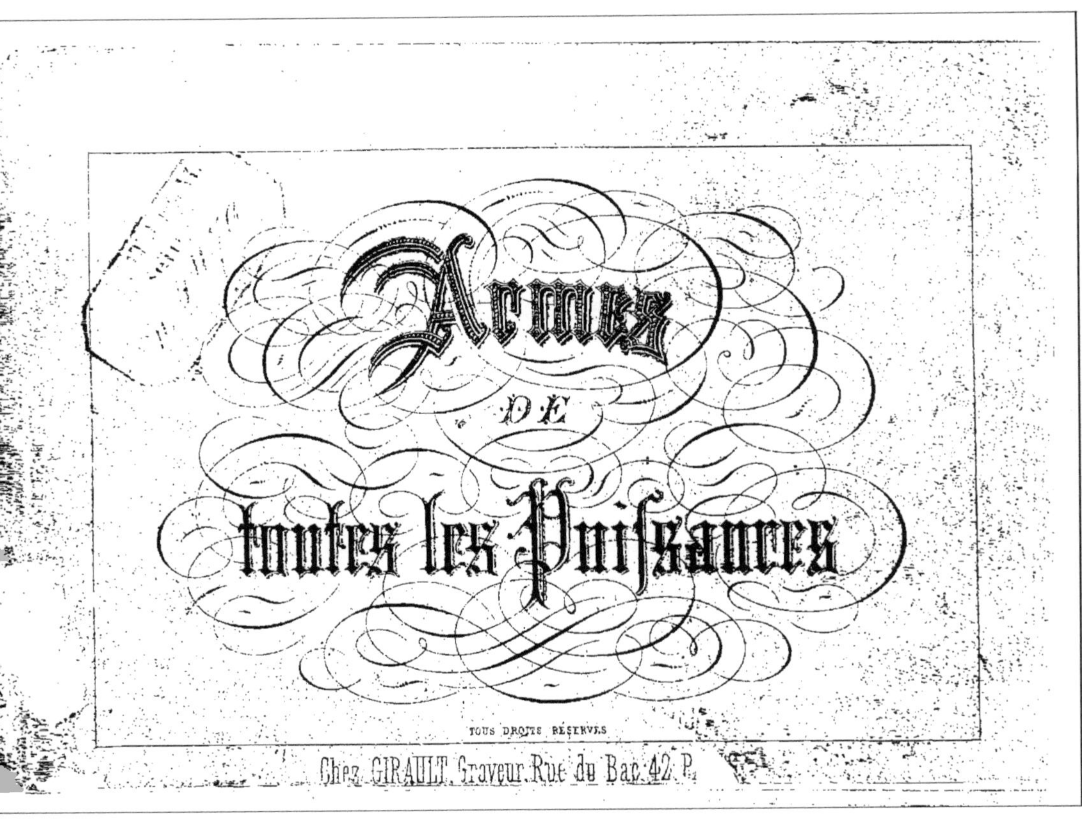
Armes
DE
toutes les Puissances
TOUS DROITS RÉSERVÉS
Chez GIRAULT, Graveur, Rue du Bac, 42. P.

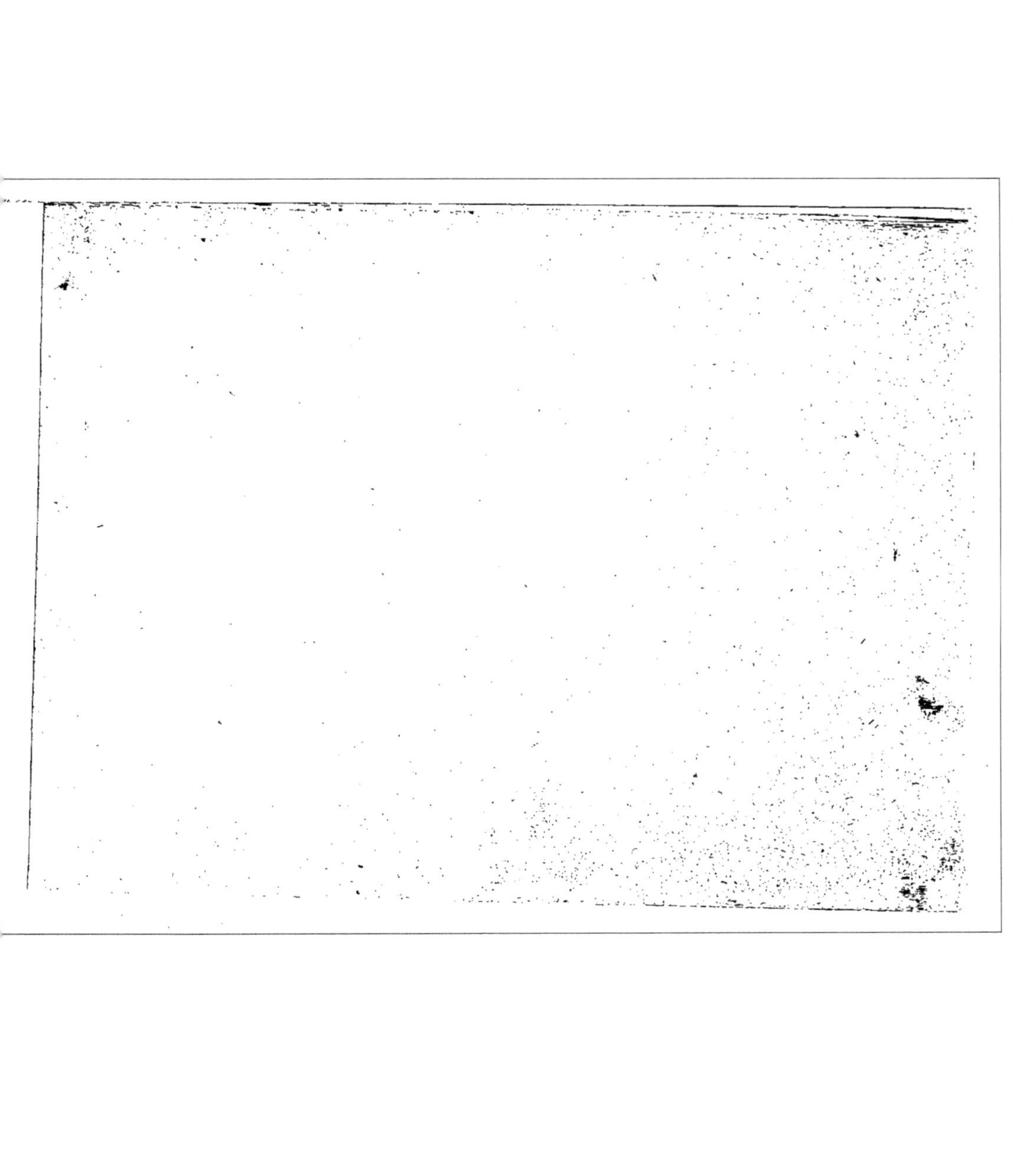

Armes
de
toutes les Puissances
TOUS DROITS RÉSERVÉS
Chez GIRAULT, Graveur, Rue du Bac, 42, PARIS

Nouvelle Édition

AUGMENTÉE

des Armes & Drapeaux

de toutes les Nations,

avec Carte Héraldique.

PRIX : 40f

1870.

ARMOIRIES DE TOUTES LES PUISSANCES

J'ai pensé que la gravure de ce recueil complet des Armes et figurations que chaque Nation adopte comme signe de la représentation de sa Nationalité, ne devait pas suffire pour la reproduction qu'on voudrait exécuter en couleur; j'ai donc joint un texte héraldique qui, en expliquant chaque blason, facilitera cette exécution et pourra en faire reconnaître les couleurs indiquées dans la gravure.

Quoique très-complète en 1868, cette collection est cependant sujette aux changements qui se produisent dans les insignes adoptés par chaque nation. J'ai joint aussi le drapeau de chaque état; cette collection coloriée et dont l'explication héraldique est donnée à chaque arme, sera un renseignement important pour grouper les insignes de chaque gouvernement

Pour les Ordres de Chevalerie et Marques d'honneur de chaque état, consulter la Collection publiée en 1845 et continuée en 1869, par *Aug. Wahlen*, ouvrage complet et qui se trouve chez *M. Lemaître*, fabricant d'Ordres à Paris.

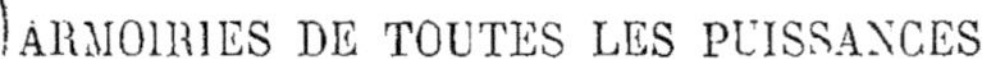

Paris. - Imp. Bonaventure.

TABLE DES ARMES DES PUISSANCES

PAR ORDRE ALPHABÉTIQUE

	Planche		Planche		Planche
Arménie	7	France Royale	8	Paraguay	5
Autriche	1	France, Orléans	13	Pérou	6
Bade Duché	3	Grande-Bretagne	2	Perse	7
Batavia	5	Grèce	8	Pologne	8
Bavière	3	Guatemala	6	Portugal	2
Belgique	2	Haïti	5	Prusse	3
Bolivie	6	Hanovre	8	République Dominicaine	5
Brésil	2	Havane	5	République française	13
Chili	6	Hesse-Darmstadt	13	Russie	1
Chypre	7	Hollande	4	San Salvador	6
Colombie	6	Honduras	6	Saxe	3
Confédération Argentine	6	Hongrie	8	Siam	7
Costa-Rica	5	Italie	4	Suède	3
Danemark	3	Japon	7	Suisse et 22 Cantons	4
Deux-Siciles	8	Maroc	7	Tunis	7
Égypte	7	Mayorque	5	Turquie	1
Empire Français	1	Mexique	5	Uruguay	5
Équateur	6	Mogol	7	Valachie et Moldavie	13
États de l'Eglise	4	Montévideo	6	Vénézuela	6
États-Unis d'Amérique	5	Nicaragua	5	Wurtemberg	2
Espagne	2	Nouvelle Grenade	6		

ARMÉNIE.

D'or, au lion de gueules, armé, lampassé et couronné du même, l'écu sommé d'une couronne royale.

AUTRICHE.

L'aigle de l'empire; de sable, becqué et membré d'or, couronné du même et langué de gueules, tenant dans la serre dextre une épée d'argent, garnie d'or, et un sceptre du même, et dans la sénestre un monde d'azur, croisé et cintré d'or; chargée sur la poitrine d'un écusson tiercé en pal : au 1, d'or, à un lion de gueules couronné, au 2, de gueules, à la fasce d'argent ; et au 3, d'or, à la bande de gueules, chargé de trois alérions d'argent; sur les ailes, les écussons des dix provinces de l'empire; le tout surmonté de la couronne impériale. *Ordres :* de la Toison-d'Or; d'Elisabeth-Thérèse; de Marie-Thérèse et de la Croix-Étoilée. *Drapeau :* jaune, dentelé de rouge, blanc, noir, chargé de l'aigle de l'empire (pl. 9).

DUCHÉ DE BADE.

D'or, à la bande de gueules; l'écu sommé d'une couronne royale. *Suppports :* deux griffons de sable, becqués et couronnés d'or. *Ordre :* du Mérite militaire. *Drapeau :* rouge, jaune, couleurs horizontales (pl. 10).

BATAVIA.

D'argent, à une épée en pal, enfilée d'une couronne de laurier de sinople. *Support :* un lion armé d'un badelaire d'argent.

BAVIÈRE.

Fuselé en bande d'argent et d'azur ; chargé en cœur, d'un écu de gueules à une épée d'argent, garnie d'or, et un sceptre du même, passés en sautoir, surmontés d'une couronne royale aussi d'or ; l'écu timbré d'une couronne royale. *Supports :* deux lions couronnés du même, soutenant chacun une bannière aux couleurs du grand écu. *Pavillon :* de pourpre, doublé d'hermines, surmonté de la couronne royale. *Ordres :* de Saint-Hubert, de Maximilien-Joseph, du Mérite civil de la couronne de Bavière. *Drapeau :* blanc et bleu azur fuselé en bande comme l'écu (pl. 10).

BELGIQUE.

De sable, au lion d'or, lampassé de gueules ; l'écu sommé d'une couronne royale. *Supports :* deux léopards lionnés d'or, tenant chacun une bannière aux couleurs nationales, noire, jaune, rouge. *Devise :* L'union fait la force. *Pavillon :* de pourpre, fourré d'hermines, sommé de la couronne royale. *Ordre :* de Léopold. *Drapeau :* noir, jaune, rouge, couleurs perpendiculaires (pl. 9).

BOLIVIE.

D'azur, au mont de sable, à dextre un lama passant, au naturel, à sénestre une gerbe d'or sommée d'une branche d'olivier ; à dextre en chef un soleil d'or, rayonnant du même, sommé de six étoiles d'argent, l'écu posé sur un faisceau d'or, sommé d'un bonnet phrygien de gueules. *Drapeau :* jaune, rouge, vert ; le rouge chargé de l'écu ; couleurs horizontales (pl. 11).

BRÉSIL.

De sinople à la croix pattée et alésée de gueules, bordée d'argent et chargée d'une sphère armillaire d'or ; la croix entourée d'un ruban d'azur, semé de 19 étoiles d'argent, l'écu sommé de la couronne impériale du Brésil et accosté, à dextre, d'une branche de caféier et à sénestre, d'une branche de tabac. *Pavillon :* de pourpre fourré d'hermines, sommé de la couronne impériale. *Ordre :* du Cruzeira ou de la Croix du Sud. *Drapeau :* vert, chargé d'une losange jaune, au centre l'arme de l'empire (pl. 9).

CHILI.

Coupé ; au 1, d'azur, au 2, de gueules, sur le tout une étoile d'argent ; l'écu sommé de trois plumes bleue, blanche, rouge rayonnantes d'or. *Supports :* à dextre un guanako couronné d'or, à sénestre un condor au naturel couronné, du même. *Drapeau :* bleu, chargé d'une étoile blanche, parti blanc, coupé rouge (pl. 10).

CHYPRE.

Fascée d'argent et d'azur de dix pièces, au lion de gueules, armé, lampassé et couronné du même, brochant sur le tout, l'écu sommé d'une couronne royale.

COLOMBIE.

D'un faisceau d'or en pal, lié d'argent, accolé d'un arc et de flèches, accompagné de deux cornes d'abondance d'or. *Drapeau :* jaune, bleu, rouge ; le jaune chargé de trois étoiles d'argent ; couleurs horizontales (pl. 11).

CONFÉDÉRATION ARGENTINE.

Coupé ; au 1, d'azur, au 2, d'argent, à une bonne foi, tenant un bâton d'or, sommé d'un bonnet phrygien de gueules, brochant sur le tout ; l'écu sommé d'un soleil d'or, rayonnant du même. *Drapeau :* bleu, blanc, bleu par tiers ; le blanc chargé d'un soleil d'or ; couleurs horizontales (pl. 11).

COSTA RICA.

Coupé de deux; au 1, d'azur, au soleil levant d'or, semé de cinq étoiles d'argent; au 2, d'azur, chargé de trois rochers et d'un navire d'argent voguant; au 3, un navire voguant sur une mer d'argent. *Drapeau :* bleu, blanc, rouge, blanc, bleu, en cinq parties perpendiculaires (pl. 11).

DANEMARK.

De gueules, à la croix pattée d'argent; cantonnée au 1, d'or, semé de cœurs de gueules, à trois lions léopardés d'azur, l'un sur l'autre, armés, lampassés et couronnés d'or; au 2, d'or, à deux lions léopardés d'azur; au 3, d'azur, à trois couronnes d'or posées 2 et 1; coupé : parti au 1, de gueules, à un poisson étêté d'argent, couronné d'or, au 2, d'azur, à la chèvre d'argent; coupé d'azur, à l'ours debout d'argent; au 1, d'or, au lion léopardé d'azur et en pointe neuf cœurs de gueules, posés 4, 3 et 2; coupé, de gueules, au dragon couronné d'or. Sur le tout, écartelé au 1, de gueules, à l'écusson coupé d'argent et de gueules, accompagné de trois feuilles d'ortie d'argent et de trois clous de la passion du même; au 2, de gueules, au cygne d'argent, colleté d'or et membré de sable; au 3, de gueules, à un cavalier armé d'or, monté sur un cheval d'argent, à la housse de sable et tenant une épée d'argent; au 4, de gueules, à la tête de cheval d'or. Sur le tout du tout; d'or, à deux faces de gueules; parti d'azur, à la croix pattée et alésée d'or. *Tenants :* deux Hercules. *Manteau royal :* de pourpre doublé d'hermines, surmonté de la couronne des rois de Danemark. *Ordre :* de l'Éléphant. *Drapeau :* rouge, divisé par une croix blanche; sur le centre un carré blanc portant les armes royales (pl. 10).

ROYAUME DES DEUX SICILES, 1860 (*seulement l'écu*).

Écartelé : au 1, d'azur, semé de France, à la bordure composée de gueules et d'argent; au 2, d'or, à six pals de gueules; flanqué en sautoir; d'argent, à l'aigle de sable couronnée, au vol éployé; au 3, d'argent, à la croix potencée d'or, cantonnée de quatre croisettes du même; au 4, d'azur, semé de France, au lambel de gueules. Sur le tout, d'azur à trois fleurs de lis d'or, à la bordure cousue de gueules; l'écu sommé d'une couronne royale. *Supports :* deux lions au naturel, lampassés de gueules. Les *ordres* ont été supprimés.

VICE-ROYAUTÉ D'ÉGYPTE.

De gueules, au croissant contourné d'or, accompagné de trois étoiles du même; l'écu sommé d'une couronne à bandeaux chargés d'étoiles et de croissants, surmonté d'un croissant contourné d'or, accompagné d'une étoile du même. *Ordre :* du Medjidié. *Drapeau :* rouge, chargé de trois croissants contournés d'argent, accompagnés de trois étoiles du même (pl. 12).

EMPIRE FRANÇAIS (1804 ET 1852).

D'azur, à l'aigle d'or, empiétant un foudre du même, timbré d'un heaume ou casque ouvert, taré de front et sommé de la couronne de Charlemagne, entouré du cordon de la Légion d'honneur. Manteau de pourpre, semé d'abeilles, fourré d'hermines, en sautoir, à dextre, la main de justice; à sénestre, le sceptre de Charlemagne.

L'Empereur porte la couronne à aigles éployées. *Drapeau :* bleu, blanc, rouge; couleurs perpendiculaires (pl. 9).

ÉQUATEUR.

D'azur, à trois monts de sable, d'un navire à vapeur voguant sur une mer d'argent, fascé de la ligne du zodiaque chargée d'un soleil d'or, semé de sept étoiles d'argent; l'écu sommé d'un condor au vol abaissé. *Drapeau :* rouge, jaune, bleu, semé de sept étoiles d'argent; couleurs horizontales (pl. 12).

ÉTATS DE L'ÉGLISE.

Écartelé : au 1 et 4, d'azur, au lion d'or couronné et dressé sur un annelet du même ; au 2 et 3, de gueules, à trois bandes d'argent abaissées (armes du pape actuel Pie IX) ; l'écu entouré d'un cartouche derrière lequel sont passées en sautoir les deux clefs de saint Pierre, l'une d'or, l'autre d'argent, et sommé de la tiare pontificale. *Tenants :* deux anges supportant chacun une croix d'or à trois branches. *Ordres :* du Christ, de Saint-Grégoire le Grand, de *Pie IX*. *Drapeau :* jaune et blanc, couleurs horizontales ; au centre la tiare et les clefs de saint Pierre (pl. 10).

ÉTATS-UNIS D'AMÉRIQUE DU NORD.

L'aigle éployée, tenant dans la serre dextre un faisceau de flèches, et dans la sénestre, une branche de laurier, chargée sur la poitrine d'un écusson palé d'argent et de gueules, au chef d'azur, semé d'étoiles d'argent ; le comble rayonnant d'or et semé de trente-six étoiles. *Légende : E Pluribus unum. Drapeau :* rouge, rayé blanc horizontalement ; à la hampe un carré d'azur semé d'étoiles blanches (pl. 11).

ESPAGNE.

Écartelé : au 1 et 4, de gueules, à un château sommé de trois tours d'or, ouvert d'azur ; au 2 et 3, d'argent, au lion de gueules, couronné et lampassé d'or ; enté en pointe : d'or, à la grenade de gueules, tigée et feuillée de sinople ; sur le tout : d'azur, à trois fleurs de lis d'or ; en 1869, suppression du sur-le-tout qui est de Bourbon ; l'écu timbré d'une couronne royale posée sur des drapeaux, et accosté des deux colonnes d'Hercule. *Devise : Plus ultrà. Ordres :* de la Toison-d'Or et de Charles III. *Drapeau :* rouge, jaune, rouge par tiers, sur le jaune, l'écu d'Espagne, couleurs horizontales (pl. 9).

FRANCE ROYALE de 1815 à 1830.

D'azur, à trois fleurs de lis d'or posées 2 et 1 ; l'écu timbré d'un heaume ou casque ouvert, taré de front, orné de lambrequins aux couleurs de l'écu, et sommé d'une couronne royale fermée par une fleur de lis. *Tenants :* deux anges vêtus de dalmatiques aux armes de France et portant chacun une bannière aux mêmes armes. *Pavillon royal :* d'azur, semé de France, fourré d'hermines, bordé, frangé et houppé d'or ; le comble rayonné d'or et sommé d'une grande couronne royale fermée par une double fleur de lis ; le tout surmonté de l'étendard de Louis XIV qui était de gueules, chargé d'un soleil et semé de fleurs de lis d'or. *Cri : Montjoie! saint Denis! Ordres :* de Saint-Michel, du Saint-Esprit, de Saint-Louis et de la Légion d'honneur. *Drapeau :* blanc jusqu'à 1830. (pl. 12.)

Bourbon-Orléans : de France, au lambel d'argent. De 1830 à 1848 : D'azur, aux tables d'argent portant *Charte de 1830 ;* l'écu sommé de la couronne royale avec bandeau de branches de chêne et entourée d'un trophée de drapeaux; en sautoir, à dextre la main de justice ; à sénestre un sceptre d'or. *Drapeau :* bleu, blanc, rouge. (pl. 12.)

GRANDE-BRETAGNE.

Écartelé : au 1 et 4, de gueules, à trois léopards d'or, posés l'un sur l'autre; au 2, d'or, au lion de gueules, enfermé dans un double trescheur fleuronné et contrefleuronné du même; au 3, d'azur, à la harpe d'or cordée d'argent; l'écu entouré de la jarretière de l'ordre de ce nom, velours azur, timbré d'un heaume, orné de lambrequins, sommé de la couronne royale. *Supports :* à dextre, un léopard couronné d'or, et à sénestre une licorne colletée et enchaînée d'or. *Devise : Dieu et mon droit. Ordres :* de la Jarretière ou de Saint-George, du Bain, du Chardon et de Saint-Patrice. *Pavillon :* rouge; à la hampe un carré bleu chargé d'une croix en sautoir, rouge, bordée de blanc, surchargée d'une seconde croix, mêmes couleurs. *Drapeau :* écartelé comme l'intérieur de l'écu. (pl. 9.)

GRÈCE, 1868.

D'azur, à la croix alésée d'argent, qui est de Grèce, chargée en cœur d'un écusson qui est le surtout de Danemark (voir ces armes planche 3) qui sont celles personnelles de Georges Ier. Manteau de pourpre, fourré d'hermine, timbré de la couronne royale. *Légende :* ΣΧΥΣ ΜΟΥ Η ΑΓΑΠΗ ΤΟΥΛΑΟ. *Tenants :* deux Hercules. *Ordre :* du Sauveur. *Drapeau :* azur, chargé de la croix blanche. (pl. 12.)

GUATEMALA.

D'azur, au socle d'argent, chargé de 15 de september de 1821; au chef du même, chargé d'un soleil d'or entre trois monts du même ; l'écu posé sur un carquois en pal accolé d'une couronne de lauriers de sinople. *Drapeau :* rouge, blanc, jaune par tiers, le rouge parti de bleu, le jaune parti de bleu ; couleurs horizontales. (pl. 11.)

HAITI.

Un trophée d'armes, un palmier de sinople, sommé d'un bonnet phrygien de gueules. *Drapeau :* bleu, rouge; couleurs perpendiculaires. (pl. 11.)

HANOVRE, 1866 *(seulement l'écu.)*

Ecartelé : au 1 et 4, de gueules, à trois léopards d'or, posés l'un sur l'autre; au 2, d'or, au lion de gueules, enfermé dans un double trescheur, fleuronné et contrefleuronné du même ; au 3, d'azur, à la harpe d'or, cordée d'argent; sur le tout : un écusson tiercé en pairle renversé, au 1, de gueules à deux lions léopardés d'or, posés l'un sur l'autre ; au 2, d'or, semé de cœurs de gueules, au lion d'azur; au 3, de gueules, au cheval lancé d'argent; sur le tout du tout, de gueules, à la couronne royale d'or; l'écu entouré de la devise : *Nec aspera terrent,* sur un fond de gueules bordé d'or, légende : *Suscipere et finire. Supports* : un léopard lionné au naturel et une licorne, chargés chacun sur la poitrine d'un lambel d'or (voir pl. 2, les *supports* de la Grande-Bretagne). *Drapeau* : rouge, chargé d'un cheval blanc lancé. (pl. 12.)

HAVANE.

D'azur, aux trois tours crénelées d'or, 2 et 1 ; en abîme, un écu écartelé, au 1 et 4 de gueules, à la tour crénelée d'or ; au 2 et 3, d'argent au lion grimpant de gueules, et surmonté d'une clef, l'anneau en haut ; l'écu sommé de la couronne murale : accosté à dextre d'une branche de tabac et à sénestre d'une branche de canne à sucre.

HESSE-DARMSTADT.

D'azur, au lion burelé d'argent et de gueules, couronné d'or, tenant dans la patte dextre, une épée d'argent garnie d'or ; l'écu timbré de la couronne royale. Supports : deux lions au naturel couronnés d'or. Pavillon de pourpre, doublé d'hermines, sommée de la couronne royale. Ordres de Philippe-le-Magnanime et de Louis.

HOLLANDE.

D'azur, billetté d'or, au lion couronné du même, lampassé de gueules, brochant sur le tout, tenant de la patte dextre une épée d'argent garnie d'or, et de la sénestre, un faisceau de flèches d'or, lié du même ; l'écu timbré de la couronne royale. *Supports* : deux lions au naturel couronnés d'or. *Devise : Je maintiendrai. Pavillon* : de pourpre, semé de lionceaux d'or et sommé de la couronne royale. *Ordres* : militaire du roi Guillaume et du Lion néerlandais. *Drapeau* : rouge, blanc, bleu ; couleurs horizontales. (pl. 10.)

HONDURAS.

D'argent, à la porte triangulaire de pourpre, chargée de deux tours d'argent, en abîme un mont volcanique d'or sommé d'un soleil du même, sur une mer d'argent; l'écu sommé d'une couronne dont le baudeau est chargé de sept plumes, à dextre et à sénestre deux cornes d'abondance d'or. *Drapeau :* deux parties azur, une blanche au centre, horizontalement (pl. 11.)

HONGRIE.

Parti : au 1, fascé d'argent et de gueules de dix pieces; au 2, de gueules, à la base une montagne à trois coupeaux de sable, sommés de la couronne royale, surmontée d'une croix patriarcale d'argent; l'écu sommé de la couronne royale de Hongrie. *Tenants :* deux anges. *Ordre :* de Saint-Étienne institué par Marie-Thérèse. *Drapeau :* celui de l'Autriche. (pl. 9.)

ITALIE.

De gueules, à la croix d'argent; l'écu sommé d'une couronne royale. *Supports :* deux lions. *Pavillon :* de pourpre, fourré d'hermines, sommé d'une couronne royale. *Ordres :* de l'Annonciade, de Saint-Maurice et de Saint-Lazare, et d'Italie. *Drapeau :* vert, blanc, rouge; couleurs perpendiculaires. (pl. 10.)

EMPIRE DU JAPON.

D'azur, à trois feuilles de géranium naturelles. *Drapeau :* vert, chargé d'un tourteau de gueules. (pl. 12.)

EMPIRE DU MAROC.

D'argent, à la tête de lion de gueules, arrachée et lampassée du même; au chef de sinople chargé d'un croissant d'argent. *Drapeau :* vert, jaune, vert, par tiers, couleurs horizontales. (Pl. 12.)

MAYORQUE.

Écartelé : au 1, et 4, de gueules palé d'argent; au 2 et 3, d'argent à la fasce abaissée, crénelée de gueules, l'écu sommé d'une couronne à trois fleurons. *Drapeau :* azur. (Pl. 10.)

MEXIQUE.

D'azur, à l'aigle au vol abaissé, tenant un serpent dans son bec sur un cactus d'or, l'écu posé sur une épée en pal garnie d'or et rayonnant du même. *Drapeau:* vert, blanc, rouge, couleurs perpendiculaires, sur le blanc l'arme du Mexique. (Pl. 11.)

EMPIRE DU MOGOL.

D'azur, à seize besants d'or posés, 4, 3, 4, 3, 2, l'écu sommé du bonnet de l'empire, à dextre. Drapeau vert, chargé d'un croissant tourné d'or, celui à sénestre rouge chargé d'un Indien du même. (Pl. 12.)

RÉPUBLIQUE DE NICARAGUA.

D'azur, au soleil d'or rayonnant et mouvant de l'angle dextre de l'écu ; à la base, cinq monts de sable, l'écu posé sur un carquois d'or en pal, garni de flèches et rayonnant du même. *Drapeau,* bleu, blanc, bleu, couleur, horizontales sur le blanc un soleil d'or. (Pl. 10.)

NOUVELLE GRENADE.

Coupé de deux : au 1, d'azur, à la grenade d'or, accompagnée de deux cornes d'abondance du même ; au 2, d'argent, au bonnet phrygien de gueules ; au 3, d'azur, à deux navires équipés d'argent voguant sur une mer du même, entre deux monts de sable, l'écu sommé d'un aigle au vol abaissé empiétant une légende: *Libertad y orden. Drapeau :* rouge, jaune, bleu, couleurs perpendiculaires. (Pl. 11.)

PARAGUAY.

D'azur, au lion accroupi d'or, sur une terrasse de sinople, au pied d'un bâton en pal, sommé d'un soleil rayonnant d'or, chargé d'un bonnet phrygien de gueules ; au flanc dextre PAZ Y, à sénestre JUSTICIA lettres d'argent. *Drapeau :* bleu, blanc, rouge, couleurs horizontales. (Pl. 10.)

PÉROU.

Coupé : mi-partie, au 1, d'azur, au Viconia d'argent passant sur une terrasse du même ; au 2, d'argent, à l'arbre de sinople ; au 3, de gueules, à la corne d'abondance d'or ; l'écu sommé d'une couronne de chêne, rayonnant d'or, légende, *vis unitas fortior*. *Drapeau :* rouge, blanc, rouge, sur le blanc l'écu ; couleurs perpendiculaires. (Pl. 11.)

ROYAUME DE PERSE.

De gueules, au soleil d'or et au lion passant, armé d'un badelaire du même, sur une terrasse de sinople, l'écu sommé de la couronne de Perse. *Drapeau :* blanc avec bordures vertes, le blanc chargé du soleil d'or et du lion passant armé d'un badelaire du même.

POLOGNE.

Parti : au 1, de gueules, à l'aigle d'argent couronné, au vol éployé qui est de Pologne ; au 2, de gueules, au cavalier équipé d'argent qui est de Lithuanie, sommé de la couronne de Boleslas Ier, de 1024 à 1794. *Drapeau :* Amarante et blanc, couleurs horizontales. (Pl. 12.)

PORTUGAL.

D'argent, à cinq écussons d'azur, posés en croix, chargés chacun de cinq besants d'argent posés en croix : à la bordure de gueules, chargée de sept tours d'or, ouvertes d'azur; l'écu timbré de la couronne royale *Pavillon :* de pourpre, fourré d'hermines, surmonté de la couronne royale. *Supports :* deux dragons ailés de sinople. *Ordres :* du Christ; de la Tour et l'épée; de la Conception de Notre-Dame de Villaviciosa. *Drapeau :* bleu et blanc, sur le centre les armes et la couronne, couleurs perpendiculaires. (Pl. 10.)

PRUSSE.

D'argent, à l'aigle de sable, au vol éployé, becqué, membré et couronné d'or, tenant à dextre, un sceptre d'or, et à sénestre un monde d'azur, cintré et croisé d'or; chargé sur la poitrine d'un écu d'argent, à l'aigle de gueules au vol éployé, becqué, membré et couronné d'or, tenant à dextre un sceptre et à sénestre un monde, le tout du même, l'écu timbré d'un heaume royal ouvert, orné de ses lambrequins. *Tenants :* deux sauvages portant chacun une bannière; celle de dextre aux armes de Prusse, aigle de sable et celle à sénestre aux armes de Brandebourg, aigle de gueules. *Pavillon :* de pourpre, doublé d'hermines, surmonté de la couronne et de la bannière des rois de Prusse. *Ordres :* de l'Aigle noir; de l'Aigle rouge; du Mérite militaire. *Drapeau :* noir et blanc, horizontalement. Le *drapeau de la Confédération du nord de l'Allemagne* est noir, blanc, rouge, horizontalement. (Pl. 10.)

RÉPUBLIQUE DOMINICAINE.

Écartelé : au 1 et 4, d'azur; au 2 et 3, de gueules; sur le tout une croix d'argent; sur le tout du tout un livre d'argent avec inscription, sommé d'une croix de gueules, accompagné de drapeaux bleus et rouges chargés au centre d'une croix d'argent; légende : *Dios, Patria, Libertad. Drapeau :* bleu, rouge, horizontalement, sur le centre une croix blanche. (Pl. 11.)

RÉPUBLIQUE FRANÇAISE DE 1793 A 1804 (SCEAU DE L'ÉTAT).

La France debout, drapée de pourpre, tenant dans la main dextre, une lance sommée d'un bonnet populaire de gueules, la sénestre, appuyée sur une hache d'armes d'argent, posée en pal, au pied fiché, environnée d'un faisceau et liée du même, accolée d'un gouvernail. *Drapeau :* bleu, blanc, rouge, couleurs perpendiculaires.

RÉPUBLIQUE FRANÇAISE DE 1848 A 1852. (SCEAU DE L'ÉTAT.)

La France assise, drapée de pourpre, la tête ornée de rayons d'or, tenant dans la main dextre un faisceau posé en pal, du même, la sénestre, appuyée sur un gouvernail chargé d'un coq ; à sénestre, une urne marquée S. U. entourée d'attributs d'art et d'agriculture. *Drapeau :* bleu, blanc, rouge, couleurs perpendiculaires.

RUSSIE

Un aigle d'empire de sable, becqué et membré de gueules, couronné, tenant dans la serre dextre un sceptre d'or, et dans la sénestre un monde du même, chargé sur la poitrine d'un écusson de gueules à Saint-Georges d'argent, terrassant avec sa lance un dragon de sable, posé sur une terrasse de sinople, et sur les ailes les écussons des huit provinces russes, le tout surmonté de la couronne impériale. *Ordre :* de saint André. *Drapeau :* jaune, chargé de l'aigle de l'Empire. Pl. 9.

SAN SALVADOR.

D'azur, au mont volcanique, à dextre, un soleil d'or, chargé de neuf étoiles d'argent, l'écu sommé de deux cornes d'abondance d'or, surmonté d'un bonnet phrygien de gueules, rayonnant d'or. Légende : 15 de septomber 1821. *Drapeau :* azur rayé blanc, horizontalement à la hampe un carré rouge chargé de neuf étoiles d'argent. Pl. 11.

SAXE.

Burelé de sable et d'or de dix pièces, au crancelin de sinople, mis en bande, brochant sur le tout, l'écu timbré de la couronne royale. *Pavillon* : de pourpre, fourré d'hermines, sommé de la couronne royale. *Ordres* : de Saint Henri, de la Couronne de Saxe ; du Mérite civil. *Drapeau* : vert et blanc, couleurs horizontales. (Pl. 10.)

ROYAUME DE SIAM.

De gueules, à l'éléphant d'argent, posé sur une terrasse d'or et pierreries, sommé d'un soleil rayonnant du même. Drapeau : rouge, chargé d'un éléphant blanc. (Pl. 12.)

SUÈDE.

D'azur, à trois couronnes d'or, posées 2 et 1 ; parti : de gueules, à un lion d'or rampant contre une hache d'armes d'argent, l'écu timbré de la couronne royale. *Supports* : deux lions d'or, la tête contournée et couronnée du même. *Pavillon* : de pourpre doublé d'hermines, surmonté de la couronne royale (le pavillon de la Saxe est le même). *Ordre* : des Séraphins. *Drapeau* : bleu azur, divisé par une croix jaune, à la hampe, un carré rouge chargé d'une croix blanche en sautoir, sur le tout un carré blanc portant les armes royales. (Pl. 10.)

CONFÉDÉRATION SUISSE (22 cantons).

De gueules, à la croix alésée d'argent, semé de vingt-deux étoiles, sommée d'une bonne foi représentant l'union, rayonnant d'or. *Drapeau fédéral* : rouge chargé de la croix alésée blanche. (Pl. 10.)

22 CANTONS.

Genève : Parti : au 1, d'or, à l'aigle de sable, éployée, issante, languée et couronnée de gueules; au 2, de gueules, à la clef d'or, posée en pal, le panneton en haut.

Valais : Parti d'argent et de gueules, à treize étoiles, cinq en pal de l'un en l'autre, accosté de huit de l'un à l'autre, quatre de gueules sur argent et quatre d'argent sur gueules.

Tessin : Parti : au 1, de gueules, au 2, d'azur.

Argovie : Parti : au 1, de sable, à la fasce ondée d'argent; au 2, d'azur à trois étoiles d'argent.

Saint-Gall: de sinople, à une hache d'armes d'argent posée en pal, au pied fiché, environnée d'un faisceau et liée du même.

Schaffhouse: D'or, au bélier de sable sautant, acorné et couronné d'or.

Fribourg : Coupé : au 1, de sable: au 2, d'argent.

Zoug: D'argent, à la fasce d'azur.

Untervalden : Parti : au 1, mi-coupé de gueules et d'argent, à la clef posée en pal de l'un dans l'autre, le panneton en haut, et l'anneau travaillé en losange, pommeté; au 2, de gueules, à deux clefs d'argent, adossées, posées en pal, les pannetons en haut.

Uri : D'or, à la rencontre de bufle de sable, lampassé et bouclé de gueules.

Berne: De gueules, à la bande d'or, chargée d'un ours passant, de sable, armé et lampassé de gueules.

Zurich : Tranché d'argent et d'azur.

Lucerne : Parti : au 1, d'azur; au 2, d'argent.

Schwitz : De gueules, à la croix d'argent sénestrée en chef.

Glaris : De gueules, au pèlerin de sable; tenant à dextre un bâton à bourdon, à sénestre un livre d'or.

Vaud : Coupé : au 1, d'argent avec la devise : *liberté et patrie;* au 2, de sinople.

Bâle : Parti : au 1, d'argent, à l'étui de crosse de sable, au 2, d'argent à l'étui de crosse de gueules, pommeté.

Appenzell : D'argent, à l'ours de sable debout, armé et lampassé de gueules.

Grison : D'argent, à dextre, un guerrier de sable terrassant un dragon de sinople et soutenant un écu, parti d'argent et de sable ; à sénestre, un sauvage tenant à dextre un étendard azur et or et à sénestre un pin de sinople, soutenant un écu écartelé au 1, et 4, d'azur ; au 2 et 3, d'or, à la filière du même et d'azur ; sur le tout, d'argent, au bélier sautant de sable.

Turgovie : Tranché : au 1, d'argent, au lion passant au naturel, au 2, de sinople, au lion passant d'or.

Soleure : Coupé : au 1 de gueules ; au 2, d'argent.

Neufchâtel : Tiercé en pal, au 1, de sinople, au 2, d'argent, au 3, de gueules, à la croix d'argent sénestrée en chef.

TUNIS.

De gueules, à l'étendard d'or et de sinople, chargé d'un badelaire, l'écu sommé d'un croissant d'argent contourné et accompagné d'une étoile du même. *Ordre* : du Nichan. *Drapeau* : jaune, vert, jaune, couleurs horizontales. (Pl. 12.)

TURQUIE.

De sinople, au chiffre d'argent des sultans, l'écu posé sur un trophée d'armes et surmonté d'une étoile d'argent rayonnante d'or. *Pavillon* : de sinople fourré d'hermines, surmonté du turban. *Ordre* : du Medjidié, *Drapeau* : rouge chargé d'un croissant contourné, accompagné d'une étoile. (Pl. 9.)

URUGUAY.

Écartelé : au 1, d'azur, à la balance d'argent ; au 2, d'argent, au mont de sable, surmonté d'une tour maçonnée du même ; au 3, d'argent, au cheval de sable passant ; au 4, d'azur, au taureau d'argent passant, l'écu sommé d'un soleil d'or, rayonnant du même. *Drapeau :* blanc, rayé bleu horizontalement, à la hampe, un soleil d'or. Pl. 11,

VALACHIE ET MOLDAVIE.

Un écu à dextre, d'azur, à l'aigle couronné, au vol abaissé d'or, tenant dans son bec une croix d'argent, dans la serre dextre, une épée du même, garnie d'or, et dans le sénestre un sceptre du même ; accolé d'un écu de gueules à la rencontre de buffle d'argent, chargée en tête d'une étoile du même, sommés de la couronne de prince régnant, placés sur un trophée de drapeaux, jaunes, à la hampe un carré rouge chargé de trois étoiles d'argent.

VENEZUELA.

Coupé : mi-parti, au 1, de gueules, chargé d'une gerbe d'or ; au 2, d'or, chargé d'un trophée d'armes et drapeaux ; au 3, d'azur, au cheval d'argent courant sur trois monts d'or ; l'écu sommé de deux cornes d'abondance *Drapeau :* jaune, bleu, rouge, couleurs horizontales, le jaune chargé de l'écu. (Pl. 12.)

WURTEMBERG.

D'or, à trois ramures de cerf de sable, posés en fasce, l'une sur l'autre ; parti : d'or, à trois lions de sable passants posés l'un sur l'autre, lampassés de gueules, la patte dextre aussi de gueules ; l'écu entouré d'une bordure d'argent, chargé d'une guirlande de lauriers de sinople et timbré d'un heaume orné de ses lambrequins, sommé de la couronne royale. *Supports :* à dextre, un lion au naturel, couronné d'or, ayant la patte dextre de gueules (écorchée) ; à sénestre un cerf au naturel. *Devise :* Furchtlos und trew.—*Ordres :* du Mérite militaire, de la couronne de Wurtemberg et de Frédéric. *Drapeau :* rouge, noir, couleurs horizontales. (Pl. 9.)

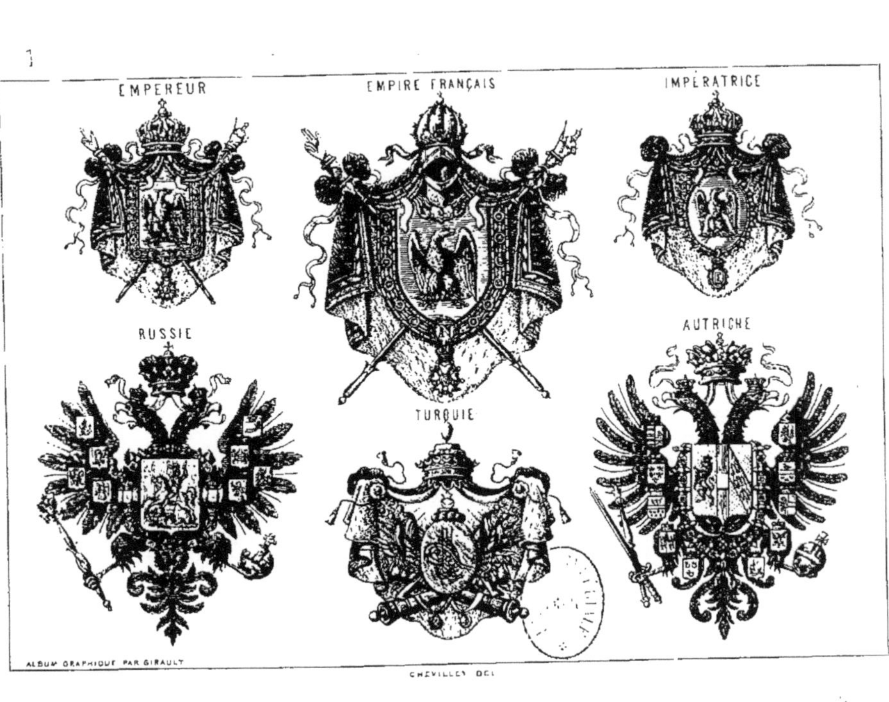
EMPEREUR
EMPIRE FRANÇAIS
IMPÉRATRICE
RUSSIE
AUTRICHE
TURQUIE
ALBUM GRAPHIQUE PAR GIRAULT
CHEVILLET DEL

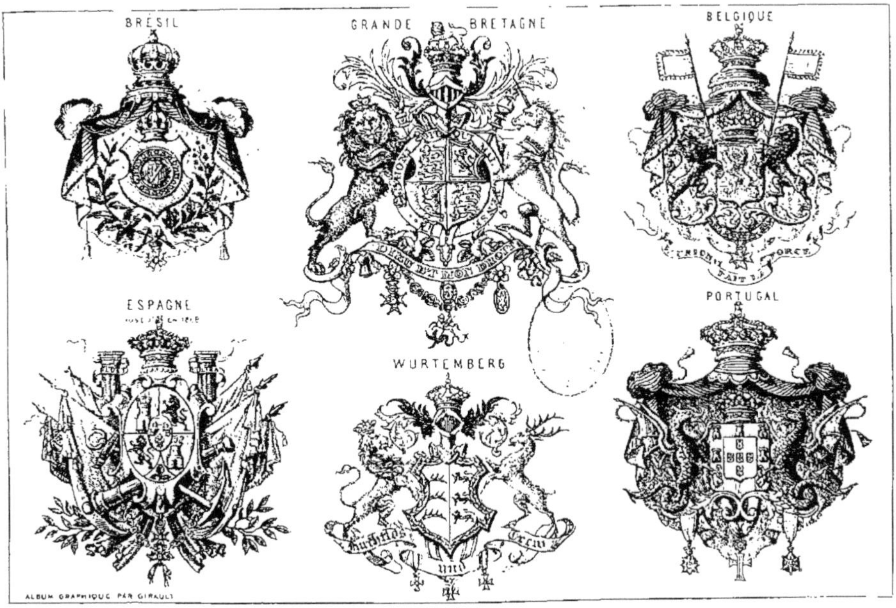

2

BRÉSIL

GRANDE BRETAGNE

BELGIQUE

ESPAGNE

PORTUGAL

WURTEMBERG

ALBUM GRAPHIQUE PAR GIRAULT

3

SUEDE

PRUSSE

DANEMARK

BAVIERE.

SAXE

DUCHÉ DE BADE

ALBUM GRAPHIQUE PAR GIRAULT

CHEVILLEY DEL

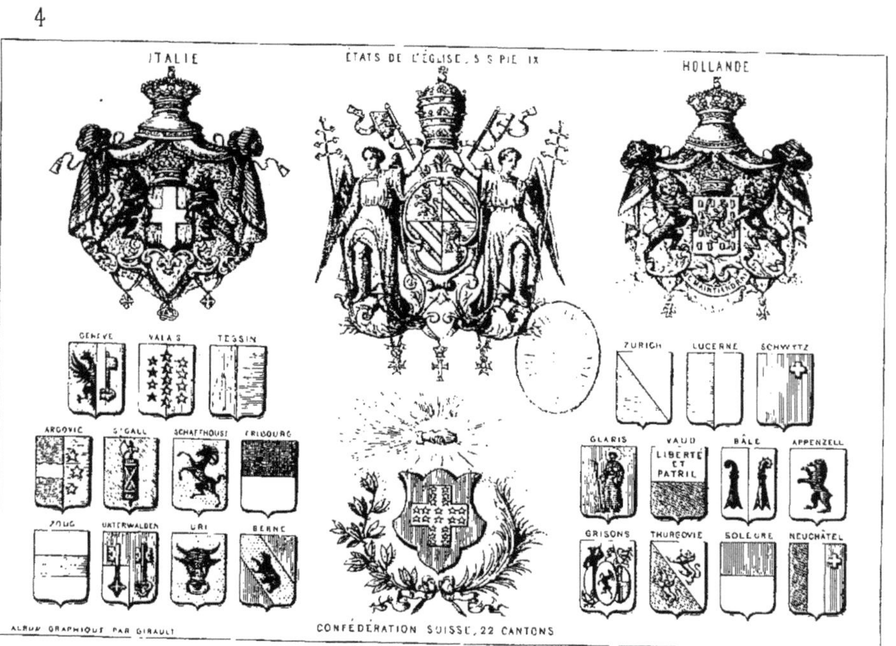
ITALIE
ÉTATS DE L'ÉGLISE, S. S. PIE IX
HOLLANDE
GENÈVE
VALAIS
TESSIN
ARGOVIE
S.T GALL
SCHAFFHOUSE
FRIBOURG
ZOUG
UNTERWALDEN
URI
BERNE
ZURICH
LUCERNE
SCHWYTZ
GLARIS
VAUD
LIBERTÉ
ET
PATRIE
BÂLE
APPENZELL
GRISONS
THURGOVIE
SOLEURE
NEUCHÂTEL
ALBUM GRAPHIQUE PAR GIRAULT
CONFÉDÉRATION SUISSE, 22 CANTONS
CHEVILLEY DEL

5

REPUBLICA DEL PARAGUAY
PAZ Y JUSTICIA
MAYORQUE
PARAGUAY
MEXIQUE
PLURIBUS
UNUM
ÉTATS UNIS
D'AMÉRIQUE
AMERICA CENTRAL
RÉPUBLIQUE D'HAITI
RÉPUBLIQUE
DE COSTA RICA
DIOS
PATRIA
LIBERTAD
RÉPUBLIQUE DOMINICAINE
ALBUM GRAPHIQUE PAR GIRAULT

6

SAN SALVADOR
CHILI
HONDURAS
BOLIVIE
PEROU
CONFEDERATION ARGENTINE
GUATEMALA
MONTEVIDEO
NOUVELLE GRENADE
COLOMBIE
EQUATEUR
VENEZUELA
ALBUM GRAPHIQUE PAR GIRAULT
CHEVILLET DEL

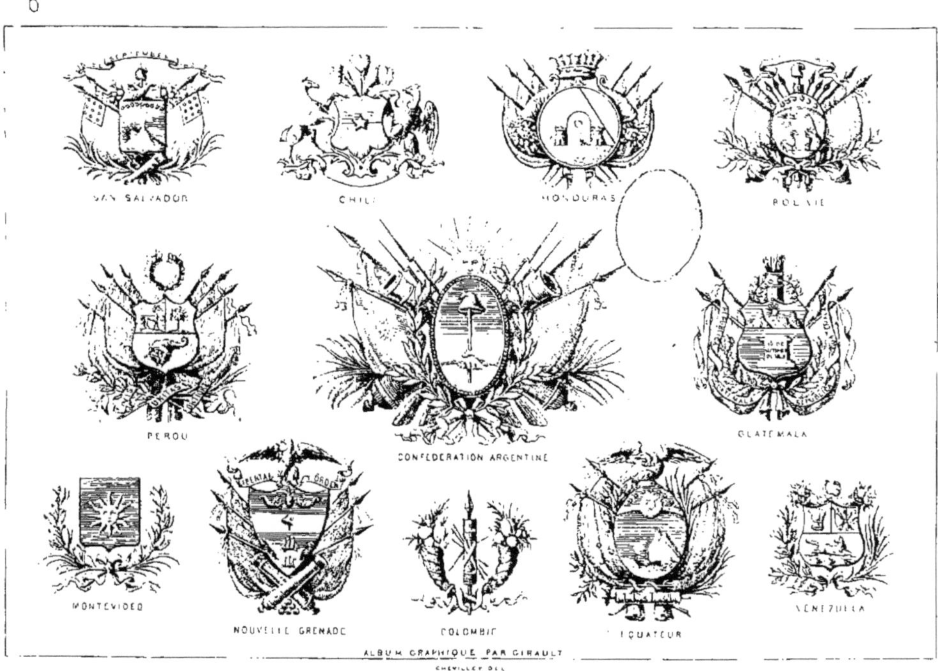

7

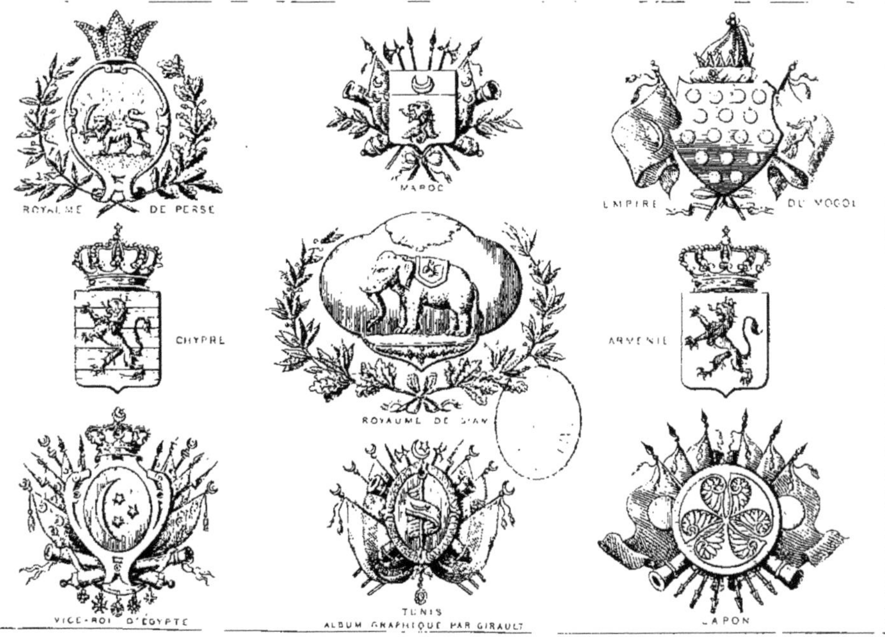

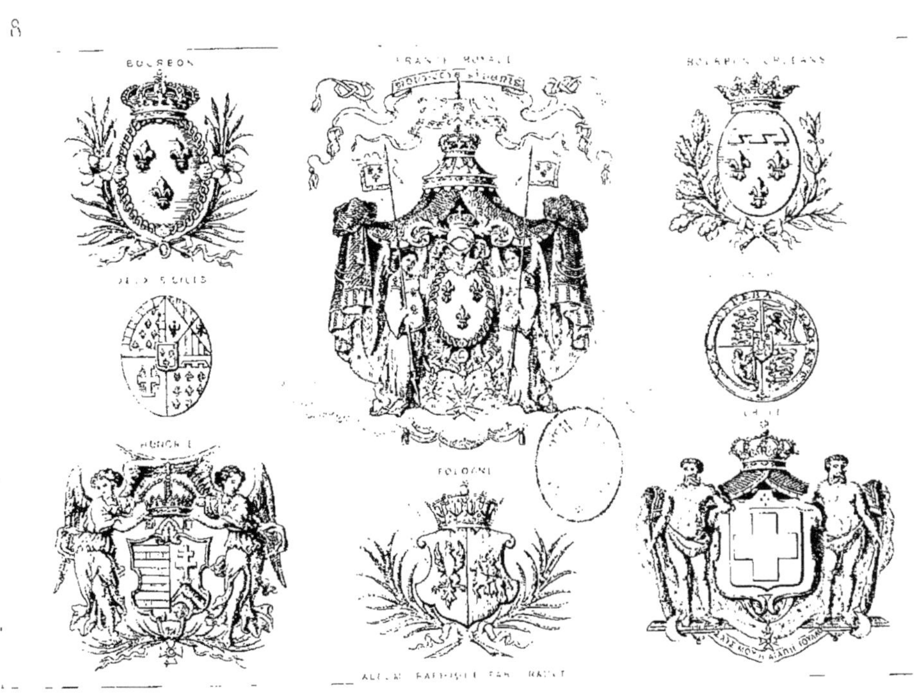
BOURBON
FRANCE ROYALE
BOURBON ORLEANS
DEUX SICILES
HONGRIE
POLOGNE

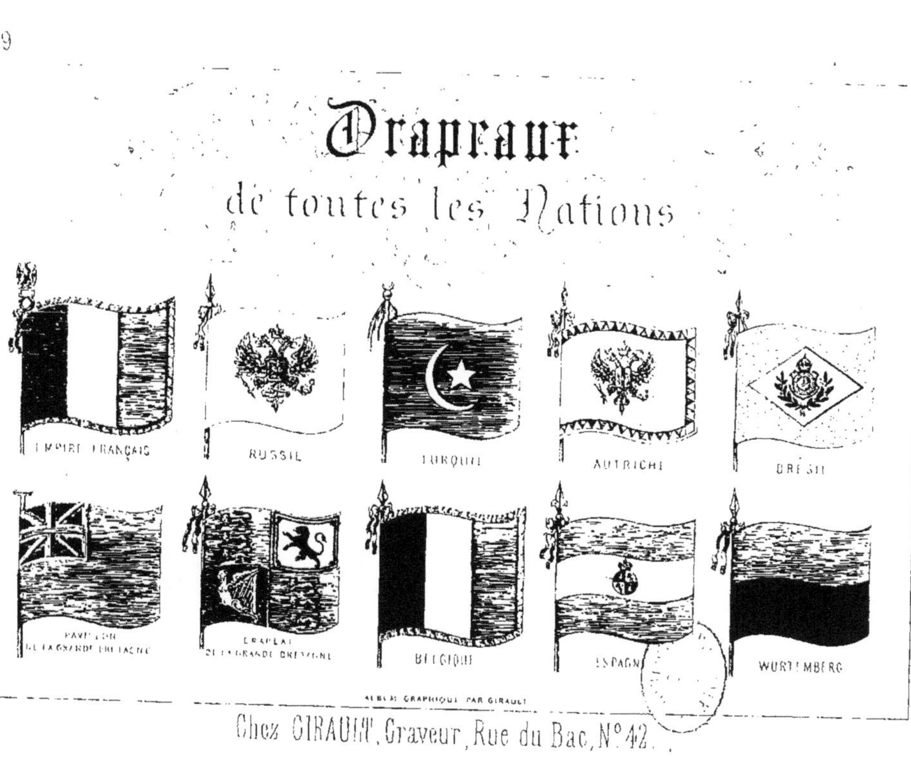
9
Drapeaux
de toutes les Nations
EMPIRE FRANÇAIS
RUSSIE
TURQUIE
AUTRICHE
BRÉSIL
BELGIQUE
ESPAGNE
WURTEMBERG
Chez GIRAULT, Graveur, Rue du Bac, N°42.

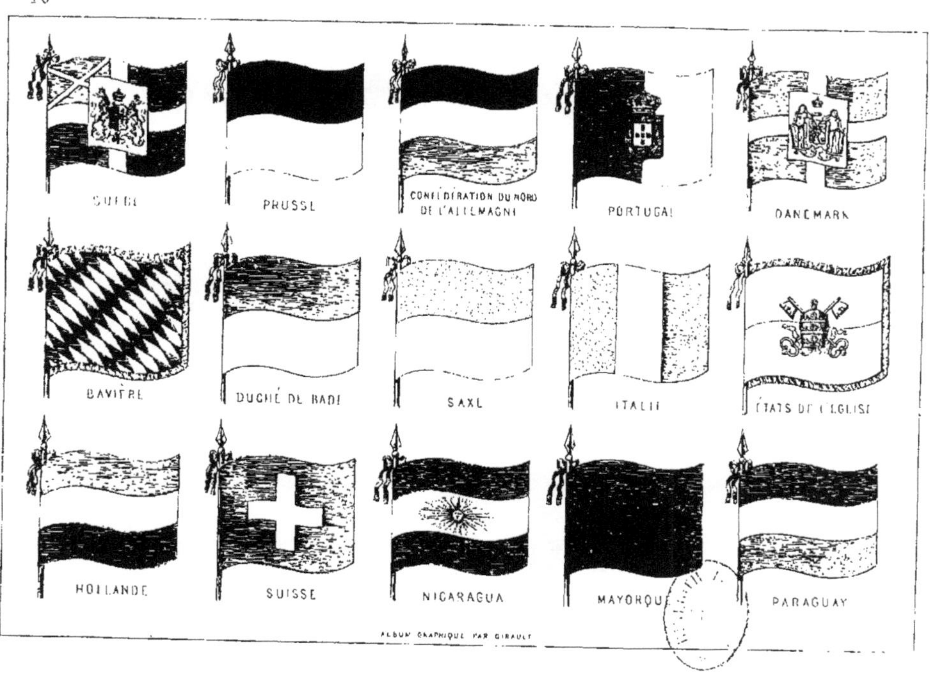
SUEDE
PRUSSE
CONFÉDÉRATION DU NORD
DE L'ALLEMAGNE
PORTUGAL
DANEMARK
BAVIÈRE
DUCHÉ DE BADE
SAXE
ITALIE
ÉTATS DE L'ÉGLISE
HOLLANDE
SUISSE
NICARAGUA
MAYORQUE
PARAGUAY
ALBUM GRAPHIQUE PAR GIRAULT

11

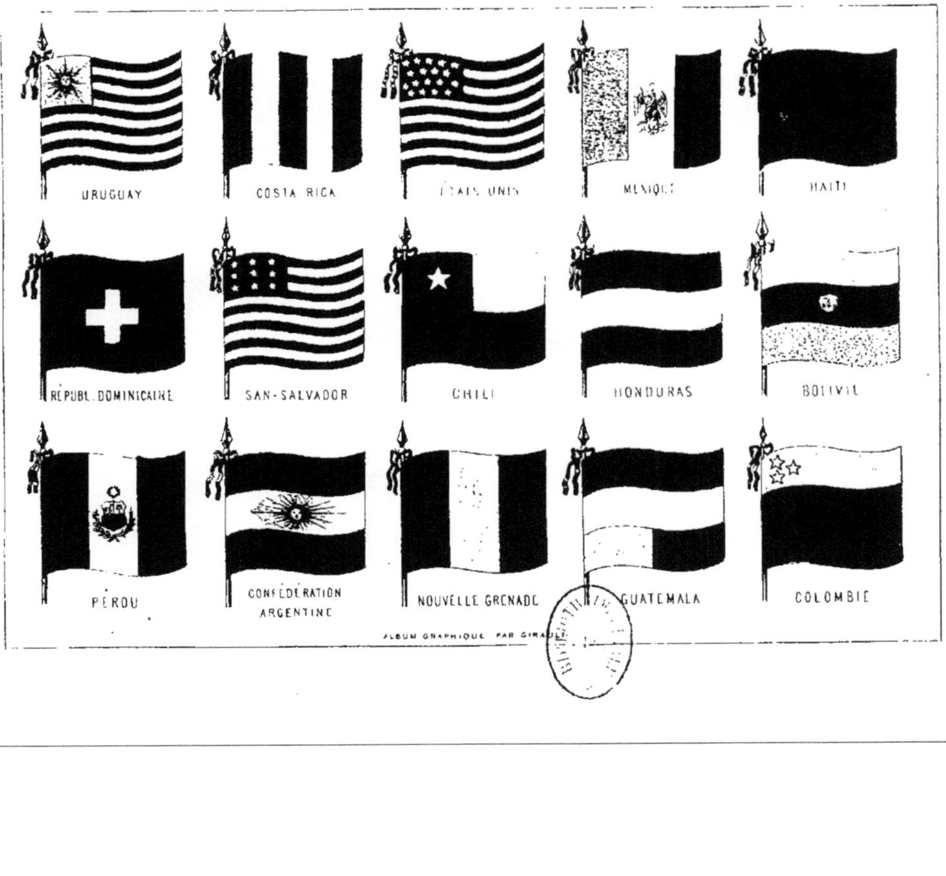

URUGUAY

COSTA RICA

ÉTATS UNIS

MEXIQUE

HAITI

RÉPUBL. DOMINICAINE

SAN-SALVADOR

CHILI

HONDURAS

BOLIVIE

PÉROU

CONFÉDÉRATION ARGENTINE

NOUVELLE GRENADE

GUATEMALA

COLOMBIE

ALBUM GRAPHIQUE PAR GIRAU[illegible]

ÉQUATEUR
VENEZUELA
PERSE
MAROC
MOGOL
MOGOL
EGYPTE
TUNIS
SIAM
JAPON
GRÈCE
HANOVRE
FRANCE ROYALE
ORLÉANS
POLOGNE
ALBUM GRAPHIQUE PAR GIRAULT

www.ingramcontent.com/pod-product-compliance
Ingram Content Group UK Ltd.
Pitfield, Milton Keynes, MK11 3LW, UK
UKHW021014200726
13857UKWH00004B/1435